Inhalt

Tag 1	Namenwörter	4
Tag 2	Begleiter	5
Tag 3	Wiewörter, sinnerfassendes Lesen	6
Tag 4	Tunwörter, sinnerfassendes Lesen	8
Tag 5	Wortarten, sinnerfassendes Lesen	10
Rätselspaß		12
Tag 6	Wörter mit ss, sinnerfassendes Lesen	14
Tag 7	Wörter mit ß, sinnerfassendes Lesen	16
Tag 8	Wörter mit st, sinnerfassendes Lesen	18
Tag 9	Einzahl – Mehrzahl, sinnerfassendes Lesen	20
Tag 10	Wörter mit sp, sinnerfassendes Lesen	22
Rätselspaß		24
Tag 11	Wörter mit ck, sinnerfassendes Lesen	26
Tag 12	Wörter mit sch, st, sp, sinnerfassendes Lesen	28
Tag 13	Doppelmitlaute, sinnerfassendes Lesen	30
Tag 14	Begleiter, sinnerfassendes Lesen	32
Tag 15	Wortarten, sinnerfassendes Lesen	34
Anhang	Anregungen zum Geschichten-Erzählen Rätselfragen, Rätselbild	36 38

1 Schreibe die Namenwörter richtig auf!

_____ _____ _____ _____ _____

Namenwörter haben einen großen Anfangsbuchstaben.

2 Setze die Reihe fort!

_____

_____

_____

3 Setze die Wörter ein!

auf · Auto · bin · Alle · aus

_____ Kinder sind im Hof.

Ich sitze _____ dem Pferd.

Janos schaut _____ dem Fenster.

Frau Bauer kauft ein neues _____.

Ich _____ schon sieben Jahre alt.

1 Finde die passenden Begleiter!

__________ 

__________ 

__________ 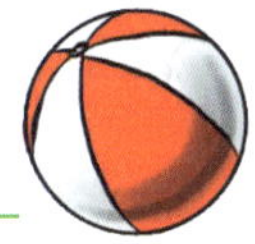

__________ 

__________ 

__________ 

2 Wem gehört welches Geschenk?

3 Setze die Wörter ein!

bitte   das   der   Danke   bist

Du __________ mein bester Freund.

Darf ich __________ ein Eis holen?

Ich springe in __________ große Becken.

__________ für das tolle Geschenk!

In __________ Früh scheint die Sonne.

1 Setze die passenden Wiewörter ein!

Die ________________ Nadel liegt auf dem Tisch.

Leo springt ins ________________ Wasser.

Marie lacht über den ________________ Clown.

Ella pflückt ________________ Blumen.

Rotkäppchen hat Angst vor dem ________________ Wolf.

Der ________________ Elefant spritzt Wasser.

BUNTE
KALTE
SPITZE
BÖSEN
DICKE
LUSTIGEN

2 Was gehört zusammen?

Male zusammengehörende Teile mit derselben Farbe an!

3 Ein Wort zu viel!

In jedem Satz ist ein Wort zu viel. Kreise es in der angegebenen Farbe ein!

Eine Biene sitzt auf das einer Blume. ■

Julian isst gern war Schokoeis. ■

Ich gar spiele gern am Strand. ■

Du gehst bald in nicht die zweite Klasse. ■

Mama und ich backen schwer einen Apfelkuchen. ■

Das ________ ________ ________ ________ ________!

4 Setze die Wörter ein!

die   Eis   ein   Ei   essen

Ich suche ________ Sonnenbrille.

Die Henne legt ein ________.

Heute ist ________ schöner Tag.

Elias kauft ein ________.

Tim und Marie ________ Schokolade.

1 Schreibe die passenden Tunwörter zu den Bildern!

SPRINGEN RUDERN

GEHEN KOCHEN

ESSEN SCHWIMMEN

2 Das ABC: Setze die fehlenden Buchstaben ein!

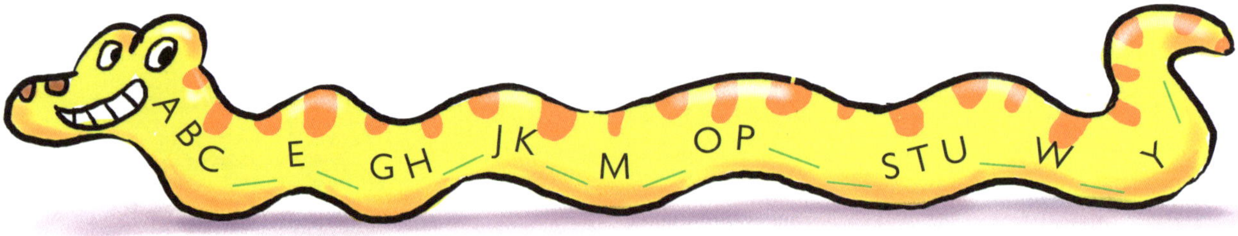

3 Lies genau und male richtig an!

Tim sitzt auf einem roten Fahrrad. Er trägt einen orangen Helm. Seine Haare sind blond. Das T-Shirt ist rot-weiß gestreift.
Außerdem trägt er eine blaue Hose und grüne Turnschuhe.
In seinem lila Rucksack stecken seine Badesachen.

4 Setze die Wörter richtig ein!

gehen   Frau   gut   für   gibt

_______ Schön sitzt beim Friseur.

Ich kaufe _______ meine Oma ein.

Noah und Lisa _______ in den Tiergarten.

Mama _______ mir ein Bussi.

Ich kann schon _______ lesen.

1 Trage die Wörter in die richtigen Spalten ein!

Namenwort	Tunwort	Wiewort
Brot	lesen	schön
Jacke	singen	alt
Tisch	reden	kurz

2 Verbinde nach dem ABC!

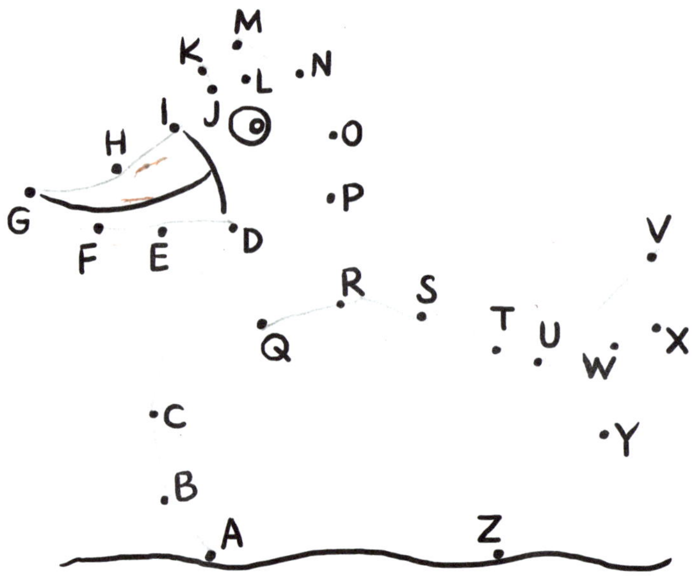

3 Lies genau und beantworte dann die Fragen!

Sofia, Livia und Luca gehen mit ihrer Mama ins Schwimmbad. Luca kann noch nicht schwimmen. Deshalb braucht er Schwimmflügerl. Die Mädchen laufen zur Wasserrutsche. Luca geht mit seiner Mama zum Babybecken.

Mit wem gehen Sofia und Livia ins Schwimmbad?

____

Wer kann schon schwimmen?

____

Wohin laufen die Mädchen?

____

Mit wem geht Luca zum Babybecken?

____

____

____

4 Setze die Wörter ein!

Haus	Hast	hat	großen	haben

Leonie hat einen _______________ Bruder.

In den Ferien _______________ wir viel Zeit.

_______________ du schon Hunger?

Der Bademeister _______________ Schnupfen.

Wir wohnen in einem _______________ .

1 Labyrinth

Zeige Flüsterix den Weg zum Schlauchboot!

2 Wörtersuchsel

S	I	V	P	P	K	L	I
M	A	M	A	D	K	G	M
I	O	U	P	L	O	M	A
O	S	V	A	T	E	R	I
P	E	I	A	T	T	U	M
A	M	U	T	T	E	R	K

3 Setze die Reihen fort!

4 Fehlersuchbild

Im rechten Bild haben sich fünf Fehler versteckt. Kreise sie ein!

5 Bilderrätsel

Schreibe die Wörter in BLOCKBUCHSTABEN!

6 Schattenrätsel

Welcher Schatten ist meiner?

1 Wörter mit ss

Setze ss ein und schreibe die Wörter mit passendem Begleiter unter das richtige Bild!

Ta_____e Fa_____ Schlo_____

Wa_____er Schlü_____el Rü_____el

_______________ _______________ _______________

_______________ _______________ _______________

2 Was schwimmt? Male an!

Fällt dir noch etwas ein, was schwimmt? Male dazu!

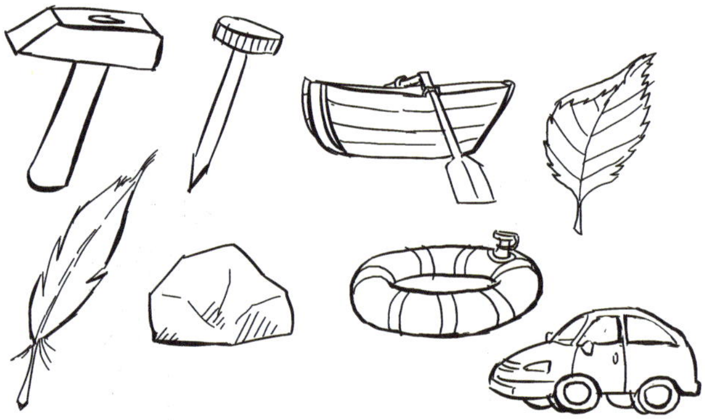

3 Purzelsätze

Stelle die „Purzelsätze“ richtig und schreibe sie auf!

ist rot Auto Das.

____

Rad Das Mädchen fährt.

____

bellt Der laut Hund.

____

Der Meer schwimmt im Hai.

____

4 Setze die Wörter richtig ein!

helfe immer ich ist Heute

Ich __________ in der Küche.

__________ scheint die Sonne.

Manchmal spiele __________ Fußball.

Am Abend putze ich __________ die Zähne.

Der Tee __________ noch heiß.

1 Wörter mit ß

Setze ß ein und schreibe die Wörter mit ihrem Begleiter unter die richtigen Bilder!

Fu ____ gie ____ en Flo ____

Blumenstrau ____ Stra ____ e Fu ____ ball

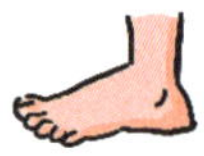

____________________ ____________________ ____________________

____________________ ____________________

2 Wörter-Sudoku

Ohr			Bus
	Eis		Ohr
Bus	Ohr	Ast	Eis

3 Trenne die Wörter! Schreibe die Sätze auf!

Felix|liegtaufdemSofa.

____

YaseminspieltmitdemBall.

____

Wirgeheninden Garten.

____

GuteFreundekommenaufBesuch.

____

4 Setze die Wörter ein!

kommen	kann	lesen	lachen	Klasse

Ich ________________ schwimmen.

Bald gehe ich in die zweite ________________ .

Wir ________________ oft.

Meine großen Geschwister ________________ eine Zeitung.

Am Nachmittag ________________ Lena und Mehmet zu mir.

1 Setze St oder st ein!

____rand	____ehen	____ein	____umm
____ören	____unde	____iege	____eil
____rudel	____ürmisch	____roh	____olpern

Schreibe jetzt die Namenwörter mit den passenden Begleitern auf!

______________ ______________ ______________

______________ ______________ ______________

2 Schau genau!

Finde im Planschbecken zwei rote Brillen, einen grünen Gummistiefel, eine Puppe, einen Fußball und drei Autos. Kreise sie ein!

3 Ein Wort zu viel!

In jedem Satz ist ein Wort zu viel. Kreise es ein!

In der Früh esse ich ein Ferien Butterbrot.

Ich Mama bringt mich ins Schwimmbad.

Sebastian füttert sein Meerschweinchen die.

Im Nest langen liegen zwei Eier.

Nina kocht eine genieße Suppe.

Baue aus den eingekreisten Wörtern einen sinnvollen Satz!

__________ __________ __________ __________ __________ .

4 Setze die Wörter richtig ein!

mag   machen   lieb   Mann   Mama

Der kleine Hund ist so __________ .

David __________ schnelle Autos.

Wir __________ einen Ausflug.

Ich schenke meiner __________ Blumen.

Papa ist ein __________ .

1 Einzahl – Mehrzahl

Schreibe die Namenwörter in der Mehrzahl auf!

 der Ball →  ______________

 die Hand → 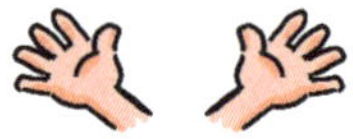 ______________

 der Floh →  ______________

 der Baum →  ______________

 die Maus →  ______________

 der Hut →  ______________

 das Buch →  ______________

2 Ein Gesicht schaut so aus wie das ganz links. Male es an oder kreise es ein!

LÖSUNGEN

1

VERITAS

Gemeinsam besser lernen

(Zum Heraustrennen dieses Lösungsheftes die mittlere Klammer lösen.)

Liebe Eltern,

Lese-, Rechtschreib- und Grammatikkompetenz steigern, die Begeisterung für Sprache und Sprechen wecken und fördern – das alles gelingt mit den Übungen dieses Ferienheftes. Damit ist ihr Kind **bestens auf das neue Schuljahr vorbereitet** – ein klarer Vorteil für die weitere Schullaufbahn.

In 15 überschaubaren Tagesportionen werden verschiedene Themenbereiche der Rechtschreibung, Grammatik und Sprachbetrachtung behandelt, ganz nebenbei wird Lesen gefördert.

Und so funktioniert es:

- Ihr Kind kann die **15 Lerntage** über den Sommer verteilen oder die letzten **zwei bis drei Wochen vor Schulbeginn** nutzen.
- **Belohnen** darf sich ihr Kind nach jedem Lerntag selbst, indem es jeweils eine Frage von S. 38 beantwortet und den entsprechenden Bildausschnitt auf S. 39 bunt bemalt. Das ergibt schließlich ein schönes Gesamtbild.
- Übrigens: **Anerkennung** für geleistete Arbeit motiviert Ihr Kind. Bestätigen und ermutigen Sie es, auch wenn vielleicht nicht immer alles richtig ist.
- Mit diesem herausnehmbaren Lösungsheft ist eine **Selbstkontrolle** ganz einfach, denn jede Seite ist hier nochmals mit der Lösung abgebildet.

Achtung: Alle Lösungen sind hier in Blau eingetragen.
Manche Übungen sind individuell zu lösen **indiv.**.

Liebe Grüße,
Catherine Salomon und Jutta Schabhüttl

1 Schreibe die Namenwörter richtig auf!

Hase ______ Blume ______ Kind ______ Heft ______ Palme/Lampe

2 Setze die Reihe fort!

3 Setze die Wörter ein!

auf   Auto   bin   Alle   aus

Alle ______ Kinder sind im Hof.

Ich sitze auf ______ dem Pferd.

Janos schaut aus ______ dem Fenster.

Frau Bauer kauft ein neues Auto ______.

Ich bin ______ schon sieben Jahre alt.

1 Finde die passenden Begleiter!

der ______ das ______ der ______ die ______ die ______ das ______

2 Wem gehört welches Geschenk?

3 Setze die Wörter ein!

bitte   das   der   Danke   bist

Du bist ______ mein bester Freund.

Darf ich bitte ______ ein Eis holen?

Ich springe in das ______ große Becken.

Danke ______ für das tolle Geschenk!

In der ______ Früh scheint die Sonne.

1 Setze die passenden Wiewörter ein!

Die spitze ______ Nadel liegt auf dem Tisch.

Leo springt ins kalte ______ Wasser.

Marie lacht über den lustigen ______ Clown.

Ella pflückt bunte ______ Blumen.

Rotkäppchen hat Angst vor dem bösen ______ Wolf.

Der dicke ______ Elefant spritzt Wasser.

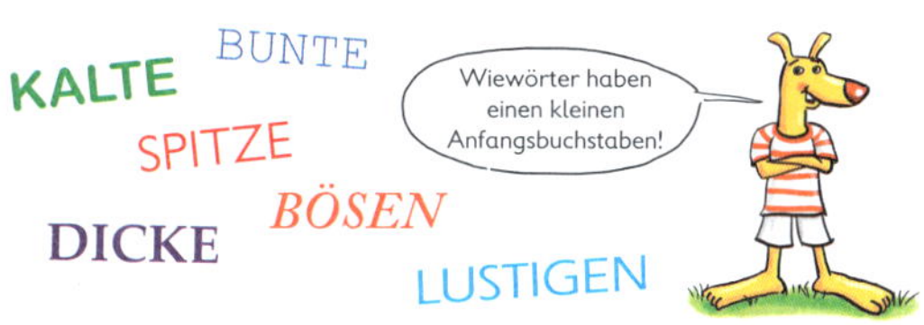

2 Was gehört zusammen?

Male zusammengehörende Teile mit derselben Farbe an!

3 Ein Wort zu viel!

In jedem Satz ist ein Wort zu viel. Kreise es in der angegebenen Farbe ein!

Eine Biene sitzt auf (das) einer Blume. ■

Julian isst gern (war) Schokoeis. ■

Ich (gar) spiele gern am Strand. ■

Du gehst bald in (nicht) die zweite Klasse. ■

Mama und ich backen (schwer) einen Apfelkuchen. ■

Das ______ war ______ gar ______ nicht ______ schwer ______ !

4 Setze die Wörter ein!

die   Eis   ein   Ei   essen

Ich suche die ______ Sonnenbrille.

Die Henne legt ein Ei ______.

Heute ist ein ______ schöner Tag.

Elias kauft ein Eis ______.

Tim und Marie essen ______ Schokolade.

1 Schreibe die passenden Tunwörter zu den Bildern!

gehen

springen

rudern

essen

schwimmen

kochen

SPRINGEN RUDERN
GEHEN KOCHEN
ESSEN SCHWIMMEN

2 Das ABC: Setze die fehlenden Buchstaben ein!

3 Lies genau und male richtig an!

Tim sitzt auf einem roten Fahrrad. Er trägt einen orangen Helm. Seine Haare sind blond. Das T-Shirt ist rot-weiß gestreift.
Außerdem trägt er eine blaue Hose und grüne Turnschuhe.
In seinem lila Rucksack stecken seine Badesachen.

4 Setze die Wörter richtig ein!

gehen Frau gut für gibt

Frau Schön sitzt beim Friseur.
Ich kaufe für meine Oma ein.
Noah und Lisa gehen in den Tiergarten.
Mama gibt mir ein Bussi.
Ich kann schon gut lesen.

1 Trage die Wörter in die richtigen Spalten ein!

Namenwort	Tunwort	Wiewort
Brot	lesen	alt
Jacke	reden	kurz
Tisch	singen	schön

2 Verbinde nach dem ABC!

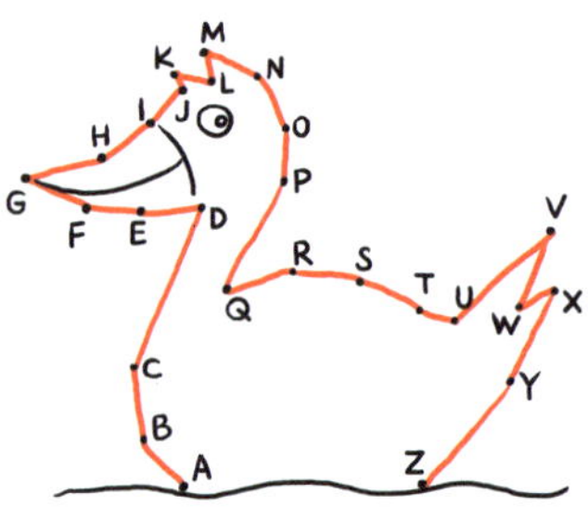

3 Lies genau und beantworte dann die Fragen!

Sofia, Livia und Luca gehen mit ihrer Mama ins Schwimmbad. Luca kann noch nicht schwimmen. Deshalb braucht er Schwimmflügerl. Die Mädchen laufen zur Wasserrutsche. Luca geht mit seiner Mama zum Babybecken.

Mit wem gehen Sofia und Livia ins Schwimmbad?
Sie gehen mit Mama und Luca ins Schwimmbad.

Wer kann schon schwimmen?
Sofia und Livia können schon schwimmen.

Wohin laufen die Mädchen?
Sie laufen zur Wasserrutsche.

Mit wem geht Luca zum Babybecken?
Luca geht mit Mama zum Babybecken.

4 Setze die Wörter ein!

Haus Hast hat großen haben

Leonie hat einen großen Bruder.
In den Ferien haben wir viel Zeit.
Hast du schon Hunger?
Der Bademeister hat Schnupfen.
Wir wohnen in einem Haus.

1 Labyrinth

Zeige Flüsterix den Weg zum Schlauchboot!

2 Wörtersuchsel

S	I	V	P	P	K	L	I
M	A	M	A	D	K	G	M
I	O	U	P	L	O	M	A
O	S	V	A	T	E	R	I
P	E	I	A	T	T	U	M
A	M	U	T	T	E	R	K

3 Setze die Reihen fort!

4 Fehlersuchbild

Im rechten Bild haben sich fünf Fehler versteckt. Kreise sie ein!

5 Bilderrätsel

Schreibe die Wörter in BLOCKBUCHSTABEN!

		F	L	I	E	G	E
	H	E	F	T			
	B	R	I	L	L	E
		I	G	E	L	
		E	I			
S	O	N	N	E		

6 Schattenrätsel

Welcher Schatten ist meiner?

1 Wörter mit ss

Setze ss ein und schreibe die Wörter mit passendem Begleiter unter das richtige Bild!

Ta ss e — Fa ss — Schlo ss

Wa ss er — Schlü ss el — Rü ss el

das Fass — der Rüssel — die Tasse

das Schloss — das Wasser — der Schlüssel

2 Was schwimmt? Male an!

Fällt dir noch etwas ein, was schwimmt? Male dazu!

3 Purzelsätze

Stelle die „Purzelsätze" richtig und schreibe sie auf!

ist rot Auto Das.

Das Auto ist rot.

Rad Das Mädchen fährt.

Das Mädchen fährt Rad.

bellt Der laut Hund.

Der Hund bellt laut.

Der Meer schwimmt im Hai.

Der Hai schwimmt im Meer.

4 Setze die Wörter richtig ein!

helfe immer ich ist Heute

Ich helfe in der Küche.

Heute scheint die Sonne.

Manchmal spiele ich Fußball.

Am Abend putze ich immer die Zähne.

Der Tee ist noch heiß.

1 Wörter mit ß

Setze ß ein und schreibe die Wörter mit ihrem Begleiter unter die richtigen Bilder!

Fu ß   gie ß en   Flo ß

Blumenstrau ß   Stra ß e   Fu ß ball

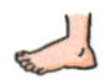

das Floß   der Fuß   die Straße

der Blumenstrauß   der Fußball

2 Wörter-Sudoku

Jedes Wort darf in jeder Reihe und jeder Spalte nur einmal vorkommen.

Ohr	Ast	Eis	Bus
Eis	Bus	Ohr	Ast
Ast	Eis	Bus	Ohr
Bus	Ohr	Ast	Eis

3 Trenne die Wörter! Schreibe die Sätze auf!

FelixliegtaufdemSofa.
Felix liegt auf dem Sofa.

YaseminspieltmitdemBall.
Yasemin spielt mit dem Ball.

Wirgeheninden Garten.
Wir gehen in den Garten.

GuteFreundekommenaufBesuch.
Gute Freunde kommen auf Besuch.

4 Setze die Wörter ein!

kommen   kann   lesen   lachen   Klasse

Ich kann schwimmen.
Bald gehe ich in die zweite Klasse.
Wir lachen oft.
Meine großen Geschwister lesen eine Zeitung.
Am Nachmittag kommen Lena und Mehmet zu mir.

1 Setze St oder st ein!

St rand	st ehen	St ein	st umm
st ören	St unde	St iege	st eil
St rudel	st ürmisch	St roh	st olpern

Schreibe jetzt die Namenwörter mit den passenden Begleitern auf!

der Strand   die Stunde   die Stiege
der Strudel   der Stein   das Stroh

2 Schau genau!

Finde im Planschbecken zwei rote Brillen, einen grünen Gummistiefel, eine Puppe, einen Fußball und drei Autos. Kreise sie ein!

3 Ein Wort zu viel!

In jedem Satz ist ein Wort zu viel. Kreise es ein!

In der Früh esse ich ein (Ferien) Butterbrot.
(Ich) Mama bringt mich ins Schwimmbad.
Sebastian füttert sein Meerschweinchen (die).
Im Nest (langen) liegen zwei Eier.
Nina kocht eine (genieße) Suppe.

Baue aus den eingekreisten Wörtern einen sinnvollen Satz!

Ich genieße die langen Ferien.

4 Setze die Wörter richtig ein!

mag   machen   lieb   Mann   Mama

Der kleine Hund ist so lieb.
David mag schnelle Autos.
Wir machen einen Ausflug.
Ich schenke meiner Mama Blumen.
Papa ist ein Mann.

1 Einzahl – Mehrzahl

Schreibe die Namenwörter in der Mehrzahl auf!

der Ball	→	die Bälle
die Hand	→	die Hände
der Floh	→	die Flöhe
der Baum	→	die Bäume
die Maus	→	die Mäuse
der Hut	→	die Hüte
das Buch	→	die Bücher

2 Ein Gesicht schaut so aus wie das ganz links. Male es an oder kreise es ein!

3 Male, was du liest!

Die Sonne scheint. Auf der Wiese blühen bunte Blumen.
Ein roter Schmetterling sitzt auf einer blauen Blüte.
Vier Bienen fliegen über die Wiese.
Ein grüner Grashüpfer springt von Blume zu Blume.

indiv.

4 Setze die Wörter ein!

mich Mutter Mein Mir Milch

Mein Fahrrad hat einen Patschen.
Ich habe mich verkühlt.
Die Kuh gibt Milch.
Mir ist schlecht.
Meine Oma ist Mamas Mutter.

1 Setze Sp oder sp ein!

Sp iegel	sp ringen	Sp ital	sp otten
sp ielen	Sp itzer	sp annen	Sp ielbrett
sp enden	sp ritzen	Sp atz	sp aren

Schreibe zu den Bildern die passenden Namenwörter mit Begleiter!

der Spatz

der Spiegel

das Spital

der Spitzer

das Spielbrett

2 Male Tunwörter rot und Namenwörter blau an!

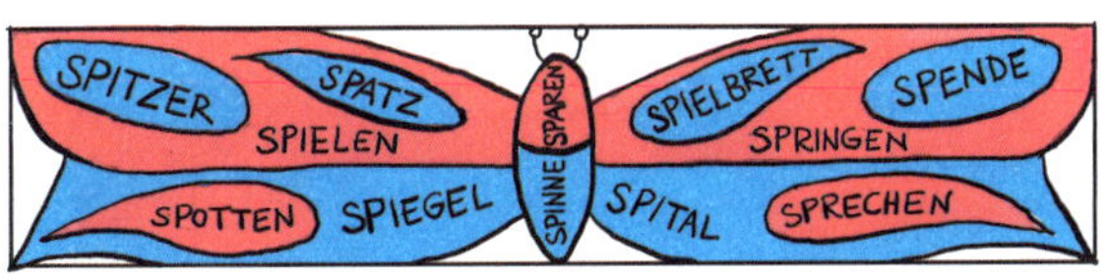

3 Lies genau und beantworte dann die Fragen!

Philip und Magdalena sitzen mit ihrem Papa beim Frühstück. Philip isst ein Marmeladebrot. Magdalena isst Müsli mit Obst. Beide trinken Kakao. Papa trinkt Kaffee und löffelt ein Ei.

Wie viele Personen sitzen beim Frühstück?
3 Personen sitzen beim Frühstück.
Wer trinkt Kaffee? Papa trinkt Kaffee.
Was isst Magdalena? Magdalena isst Müsli mit Obst.
Trinkt Papa Tee? Nein, er trinkt Kaffee.
Wer löffelt ein Ei? Papa löffelt ein Ei.
Isst Philip einen Toast? Nein, Philip isst ein Marmeladebrot.

4 Setze die Wörter ein!

Name muss nicht neues Nase

Ich muss dringend aufs Klo.
Mein Name gefällt mir gut.
Die Hexe hat eine Warze auf der Nase.
Wir kaufen ein neues Schlauchboot.
Jonas mag nicht ins Bett gehen.

1 Welches Tunwort wohnt in welchem Haus?

Schreibe das Wort ins passende Haus!

schwimmen
holen
laufen
liegen
tanzen

h o l e n
l a u f e n
s c h w i m m e n
l i e g e n
t a n z e n

2 Wem gehört das Eis?

3 So ein Salat!

In jedem Salatkopf ist ein Wiewort versteckt. Schreibe es richtig darunter!

brav

sonnig

lustig

4 Setze die Namenwörter richtig ein!

8 Buchstaben: ~~SANDBURG~~
BADEHOSE

6 Buchstaben: SOMMER
FERIEN

3 Buchstaben: EIS

8 S A N D B U R G (waagrecht)
8 B A D E H O S E (senkrecht)
6 F E R I E N
6 S O M M E R
3 E I S

5 Fehlersuchbild

Was unterscheidet den linken Flüsterix vom rechten? Kreise die 5 Fehler ein!

6 Male die Wörter an!

Namenwörter blau
Tunwörter rot
Wiewörter grün

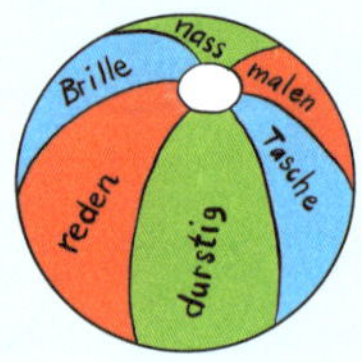

1 Wörter mit ck

Setze ck ein und schreibe die Wörter mit ihrem Begleiter unter die richtigen Bilder!

We ck er
schle ck en
Ste ck dose
Ru ck sa ck
Schne ck e
Fle ck

die Schnecke

der Wecker

der Fleck

die Steckdose

der Rucksack

2 Was gehört nicht ins Aquarium?

Finde die drei Fehler und kreise sie ein!

3 Stelle die „Purzelsätze" richtig und schreibe sie auf!

Der gepackt ist schon Koffer.
Der Koffer ist schon gepackt.

liest spannendes Mia Buch ein.
Mia liest ein spannendes Buch.

Wir ein essen zu Mittag Spiegelei.
Wir essen zu Mittag ein Spiegelei.

sucht Ball seinen Paul.
Paul sucht seinen Ball.

Gießkanne die füllt Frau in Maier Wasser.
Frau Maier füllt Wasser in die Gießkanne.
Oder: Frau Maier füllt in die Gießkanne Wasser.

4 Setze die Wörter ein!

Opa Papa Oma Reise Rad

Meine Oma lebt in Graz.
Mein Opa ist noch ziemlich jung.
Mein Papa ist Omas Sohn.
Im Sommer fahre ich mit dem Rad.
Kevin und Lara machen eine Reise ans Meer.

1 Sch, St oder Sp?

Setze Sch, St oder Sp richtig ein. Schreibe die Wörter mit dem passenden Begleiter in die Tabelle.

Sch loss	St unde	Sch/Sp ule
Sp ort	Sch necke	Sp/St iel
Sp rache	Sp aß	St/Sch ein
St raße	Sch nee	Sp/St ange

Sch	St	Sp
das Schloss	die Straße	der Sport
die Schnecke	die Stunde	die Sprache
der Schnee	der Stiel	der Spaß
die Schule	der Stein	die Spule
der Schein	die Stange	das Spiel, die Spange

2 Zahlen-Sudoku

4	3	2	1
3	1	4	2
1	2	3	4
2	4	1	3

3 Was steht in der Schlange?

Lösung:

Am Abend liest Mimi eine Geschichte in ihrem Lieblingsbuch.

4 Setze die Wörter ein!

sind Rose sehr sagen Schule

Die Rose hat Dornen.

Niki und Markus sagen ein Gedicht auf.

Das Buch ist sehr spannend.

Wir sind eine große Familie.

Im September beginnt die Schule wieder.

1 Wörtersuche

Finde die zehn versteckten Wörter mit mm, nn, tt, ll oder pp und markiere sie mit einem Leuchtstift.

K	L	P	U	P	P	E	A	S	I	R	V	I
Q	K	A	M	M	X	V	B	E	T	T	I	E
T	E	L	L	E	R	U	W	A	N	N	E	R
X	S	O	N	N	E	O	U	K	A	P	P	E
K	L	D	B	C	L	A	M	M	E	F	X	R
R	O	L	L	E	R	S	W	A	T	T	E	M

Schreibe die Wörter mit dem passenden Begleiter auf!

die Wanne	die Sonne
die Puppe	die Kappe
der Kamm	das Lamm
das Bett	der Roller/die Rolle
der Teller	die Watte

2 Schreibe die Anfangsbuchstaben unter die Bilder!

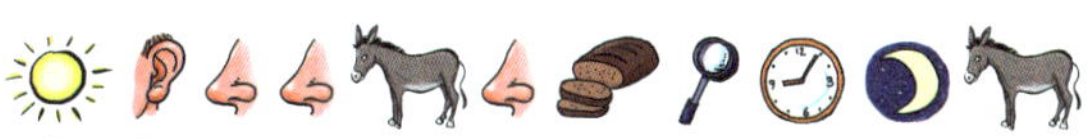

S O N N E N B L U M E

Sonne

Lösungswort: Sonnenblume

3 Ein Wort zu viel!

In jedem Satz ist ein Wort zu viel. Kreise es in der angegebenen Farbe ein!

Der Käfer krabbelt über ein (trinkt) Blatt. ■

Emma packt schon heute (Milch) ihre Schultasche. ■

Zum Frühstück (kalte) gibt es Müsli mit Obst. ■

Mein Fahrrad hat (gerne) leider einen Patschen. ■

Familie Sommer verbringt (Maja) ihren Urlaub am Meer. ■

Maja trinkt gerne kalte Milch.

Du kannst aus den Wörtern auch eine Frage bilden:

Trinkt Maja gerne kalte Milch?

4 Setze die Wörter ein!

Tasse Sommer Tante Tee Taxi

Im Sommer gehen wir gern schwimmen.

Papas Schwester ist meine Tante.

Mama trinkt Kaffee aus ihrer Tasse.

Wir fahren mit dem Taxi zum Flughafen.

Zum Frühstück trinkt Josefine Tee.

1 Namenwörter mit Begleitern

Finde das passende Namenwort zum Bild und trage es in die Tabelle ein.

der	die	das
der Apfel	die Sonne	das Ei
der Ball	die Maus	das Auto
der Baum	die Flasche	das Boot

2 Ein Flüsterix sieht anders aus. Male ihn bunt an!

3 Lies und male das Bild an!

Zwischen der blauen Spülmittelflasche und der Milch liegt ein Päckchen Spaghetti. Rechts neben den grünen Weintrauben liegt ein roter Apfel. Gleich daneben findet man ein knuspriges rundes Brot. Neben den drei Schleckern steht eine Flasche Zitronenlimonade. Die blaue Zuckerpackung steht zwischen einer Stange Wurst und den Essiggurkerln.

4 Setze die Wörter ein!

und Vater Tisch von viel

Anna und Alexander decken den Tisch.

Ich liebe Schokolade und Zuckerln.

Opa ist Papas Vater.

Beim Grillen esse ich immer viel.

Wir fahren von Österreich nach Italien.

1 Satzbaustelle

Baue mit den Wörtern aus den Luftballons sinnvolle Sätze und beginne diese mit dem passenden Begleiter (der, die, das). Schreibe die Sätze auf!

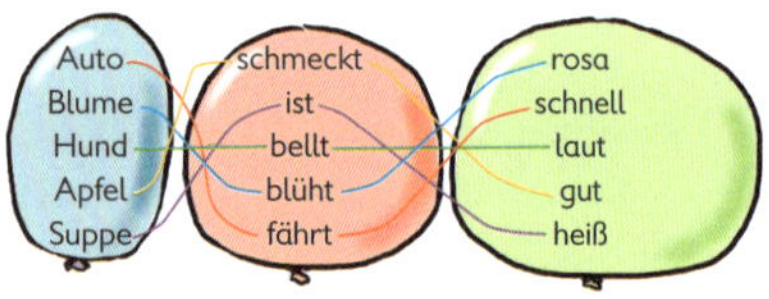

Das Auto fährt schnell.

Die Blume blüht rosa.

Der Hund bellt laut.

Der Apfel schmeckt gut.

Die Suppe ist heiß.

2 Male die Felder mit den Wiewörtern an!

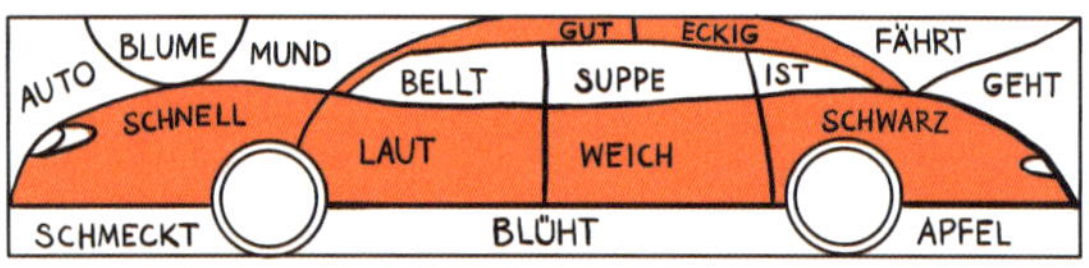

Wozu passen deine gefundenen Wiewörter?

langsam – schnell schlecht – gut

hart – weich weiß – schwarz

leise – laut rund – eckig

3 Lies genau!

Elena geht mit ihrer Familie ins Gasthaus. Die Großeltern bestellen Wein, Elena möchte Saft, Mama trinkt Wasser. Oma isst eine Gemüsesuppe, Elenas Schwester bestellt ein Schnitzel, Mama isst Pizza und Elena möchte Pommes. Opa hat keinen Hunger. Nach dem Essen bezahlt Oma die Rechnung.

Kreuze richtig oder falsch an:

	richtig	falsch
Elena geht mit ihrem Bruder essen.	☐	☒
Die Großeltern bestellen Wein.	☒	☐
Opa isst Gemüsesuppe.	☐	☒
Mama isst Würstel.	☐	☒
Elena möchte Salat.	☐	☒
Mama bezahlt die Rechnung.	☐	☒

4 Setze die Wörter ein!

Winter zu Wasser will Wir

Ich plansche im Wasser.

Theo will unbedingt fernsehen.

Im Winter fahren wir auf Skiurlaub.

Wir packen die Badetasche.

Jetzt klappe ich dieses Buch zu.

Lupe
Hase
Jacke
Sandburg
spitz
tauchen
Bäume
Strand
Fisch
Ohr
Stroh
Bett
springen
Auto
Schloss
Sommer
Palme
Stunde
Sofa
Frau
das
Eis
Ei
Spiel
Maus
Opa
Gießkanne
rot

... zum Geschichtenerzählen

Nehmen Sie sich Zeit, wenn Ihr Kind Ihnen etwas erzählt und hören Sie aufmerksam zu. Nutzen Sie die unten angeführten Gesprächsanlässe, um mit ihrem Kind zu sprechen. Achten Sie darauf, dass Sie beide in ganzen Sätzen sprechen, lassen Sie Ihr Kind Bilder beschreiben, stellen Sie Fragen zu Texten/Bildern. Der Wortschatz wird dadurch erweitert, die Bildungsstandards im Bereich Sprechen berücksichtigt.

1 Einmal träumte ich ...

z. B., dass ich fliegen kann!
Ein Traum wird in der Mitvergangenheit erzählt (z. B. flog, schwebten, fiel).
Achten Sie darauf, dass der Traum in eine Einleitung, einen spannenden Hauptteil und einen Schluss gegliedert wird.
Gesprächsanlass: z. B. Träumst du oft oder selten? In Farbe? Mit Ton? Hast du angenehme oder unangenehme Träume? Kannst du dich an einen besonders schönen Traum erinnern?

2 Personenbeschreibung

Folgende Reihenfolge soll beachtet werden:
Körperbau – Figur, Gesicht, Kopf, Ohren, Augen, Nase, Mund, Hände und Arme, Füße und Beine, Kleidung
Gesprächsanlass: z. B. Was fällt dir zuerst an einer Person auf? Kannst du das Alter einer Person schätzen?
Spiele für Wartezeiten: Personen (aus dem Freundes-/Bekanntenkreis) beschreiben und erraten; Wiewort (Eigenschaftswort) ausdenken: Welche Personen fallen dir dazu ein? Ich sehe wen, den du nicht siehst: eine Person aus der Menge beschreiben, die/der andere muss sie erraten

3 Berufswunsch

Ihr Kind soll genau den Tätigkeitsbereich beschreiben und Gründe für die Berufswahl nennen.
Gesprächsanlass: Kennst du meine Arbeit? Welche Berufe gibt es, welche kennst du? Was macht eine Ärztin/ein Arzt, was macht eine Verkäuferin/ein Verkäufer? Welche Gründe gibt es bei der Berufswahl? Warum möchtest du ein/eine ________________ werden?

4 Wimmelbild

Achten Sie auf den Unterschied zwischen Beschreibung und darüber hinausgehender Erzählung: Was ist tatsächlich zu sehen, was kann man erfinden? Regen Sie nach der Beschreibung eine Geschichte an: z. B. Was könnte auf dem Spielplatz/im Sandkasten vorher passiert sein? Was wird nachher passieren?

3 Male, was du liest!

Die Sonne scheint. Auf der Wiese blühen bunte Blumen.
Ein roter Schmetterling sitzt auf einer blauen Blüte.
Vier Bienen fliegen über die Wiese.
Ein grüner Grashüpfer springt von Blume zu Blume.

4 Setze die Wörter ein!

mich   Mutter   Mein   Mir   Milch

______________ Fahrrad hat einen Patschen.

Ich habe ______________ verkühlt.

Die Kuh gibt ______________.

______________ ist schlecht.

Meine Oma ist Mamas ______________.

1 Setze Sp oder sp ein!

_____iegel _____ringen _____ital _____otten

_____ielen _____itzer _____annen _____ielbrett

_____enden _____ritzen _____atz _____aren

Schreibe zu den Bildern die passenden Namenwörter mit Begleiter!

_______________ _______________ _______________

_______________ _______________

2 Male Tunwörter rot und Namenwörter blau an!

3 Lies genau und beantworte dann die Fragen!

Philip und Magdalena sitzen mit ihrem Papa beim Frühstück. Philip isst ein Marmeladebrot. Magdalena isst Müsli mit Obst. Beide trinken Kakao. Papa trinkt Kaffee und löffelt ein Ei.

Wie viele Personen sitzen beim Frühstück?

____

Wer trinkt Kaffee? _______________

Was isst Magdalena? _______________

Trinkt Papa Tee? _______________

Wer löffelt ein Ei? _______________

Isst Philip einen Toast? _______________

4 Setze die Wörter ein!

Name	muss	nicht	neues	Nase

Ich _______________ dringend aufs Klo.

Mein _______________ gefällt mir gut.

Die Hexe hat eine Warze auf der _______________.

Wir kaufen ein _______________ Schlauchboot.

Jonas mag _______________ ins Bett gehen.

1 Welches Tunwort wohnt in welchem Haus?

Schreibe das Wort ins passende Haus!

schwimmen

holen

laufen

liegen

tanzen

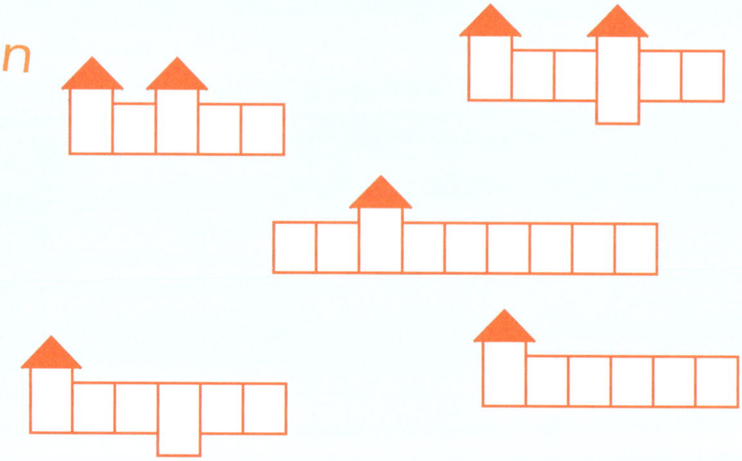

2 Wem gehört das Eis?

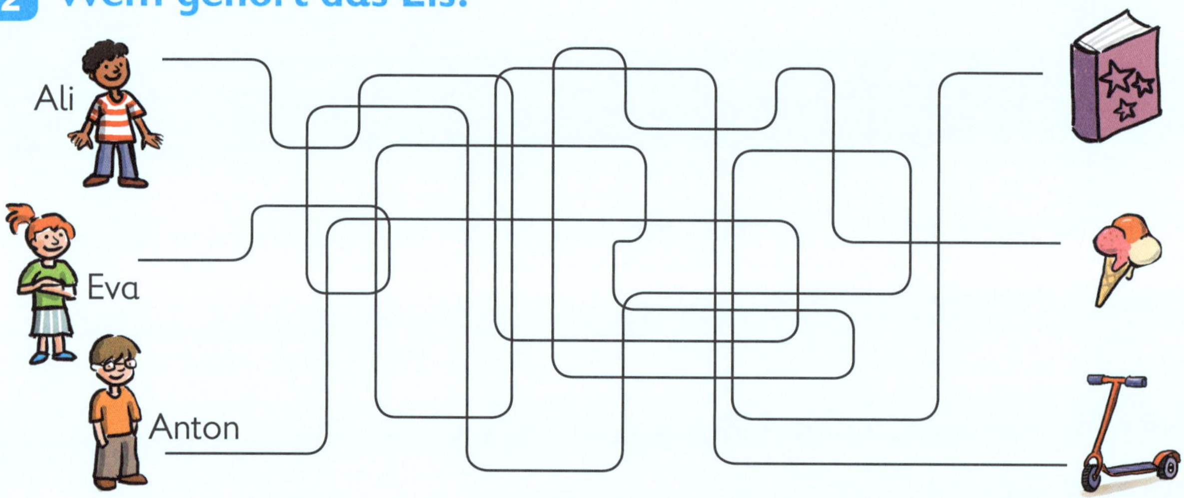

3 So ein Salat!

In jedem Salatkopf ist ein Wiewort versteckt. Schreibe es richtig darunter!

4 Setze die Namenwörter richtig ein!

8 Buchstaben: ~~SANDBURG~~
BADEHOSE

6 Buchstaben: SOMMER
FERIEN

3 Buchstaben: EIS

5 Fehlersuchbild

Was unterscheidet den linken Flüsterix vom rechten? Kreise die 5 Fehler ein!

6 Male die Wörter an!

Namenwörter blau
Tunwörter rot
Wiewörter grün

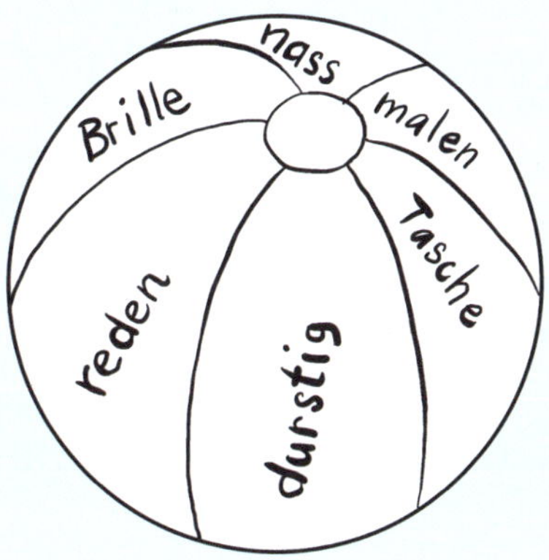

1 Wörter mit ck

Setze ck ein und schreibe die Wörter mit ihrem Begleiter unter die richtigen Bilder!

We ____ er | schle ____ en | Ste ____ dose

Ru ____ sa ____ | Schne ____ e | Fle ____

2 Was gehört nicht ins Aquarium?

Finde die drei Fehler und kreise sie ein!

3 Stelle die „Purzelsätze“ richtig und schreibe sie auf!

Der gepackt ist schon Koffer.

____

liest spannendes Mia Buch ein.

____

Wir ein essen zu Mittag Spiegelei.

____

sucht Ball seinen Paul.

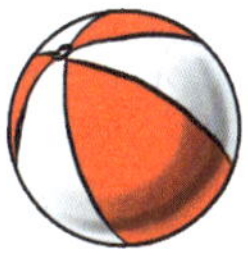

____

Gießkanne die füllt Frau in Maier Wasser.

____

____

4 Setze die Wörter ein!

Opa Papa Oma Reise Rad

Meine ____________ lebt in Graz.

Mein ____________ ist noch ziemlich jung.

Mein ____________ ist Omas Sohn.

Im Sommer fahre ich mit dem ____________ .

Kevin und Lara machen eine ____________ ans Meer.

1 Sch, St oder Sp?

Setze Sch, St oder Sp richtig ein. Schreibe die Wörter mit dem passenden Begleiter in die Tabelle.

______ loss	______ unde	Sch/Sp ule
______ ort	______ necke	______ iel
______ rache	______ aß	______ ein
______ raße	______ nee	______ ange

Sch	St	Sp

2 Zahlen-Sudoku

			1
3	1	4	2
	2		
		1	3

3 Was steht in der Schlange?

Lösung:

____

____

4 Setze die Wörter ein!

sind	Rose	sehr	sagen	Schule

Die ________________ hat Dornen.

Niki und Markus ________________ ein Gedicht auf.

Das Buch ist ________________ spannend.

Wir ________________ eine große Familie.

Im September beginnt die ________________ wieder.

1 Wörtersuche

Finde die zehn versteckten Wörter mit mm, nn, tt, ll oder pp und markiere sie mit einem Leuchtstift.

K	L	P	U	P	P	E	A	S	I	R	V	I
Q	K	A	M	M	X	V	B	E	T	T	I	E
T	E	L	L	E	R	U	W	A	N	N	E	R
X	S	O	N	N	E	O	U	K	A	P	P	E
K	L	D	B	C	L	A	M	M	E	F	X	R
R	O	L	L	E	R	S	W	A	T	T	E	M

Schreibe die Wörter mit dem passenden Begleiter auf!

die Wanne

2 Schreibe die Anfangsbuchstaben unter die Bilder!

Lösungswort: ______________________

3 Ein Wort zu viel!

In jedem Satz ist ein Wort zu viel. Kreise es in der angegebenen Farbe ein!

Der Käfer krabbelt über ein trinkt Blatt. ■

Emma packt schon heute Milch ihre Schultasche. ■

Zum Frühstück kalte gibt es Müsli mit Obst. ■

Mein Fahrrad hat gerne leider einen Patschen. ■

Familie Sommer verbringt Maja ihren Urlaub am Meer. ■

_______ _______ _______ _______ _______.

Du kannst aus den Wörtern auch eine Frage bilden:

_______ _______ _______ _______ _______?

4 Setze die Wörter ein!

Tasse Sommer Tante Tee Taxi

Im _______ gehen wir gern schwimmen.

Papas Schwester ist meine _______.

Mama trinkt Kaffee aus ihrer _______.

Wir fahren mit dem _______ zum Flughafen.

Zum Frühstück trinkt Josefine _______.

1 Namenwörter mit Begleitern

Finde das passende Namenwort zum Bild und trage es in die Tabelle ein.

der	die	das

2 Ein Flüsterix sieht anders aus. Male ihn bunt an!

3 Lies und male das Bild an!

Zwischen der blauen Spülmittelflasche und der Milch liegt ein Päckchen Spaghetti. Rechts neben den grünen Weintrauben liegt ein roter Apfel. Gleich daneben findet man ein knuspriges rundes Brot. Neben den drei Schleckern steht eine Flasche Zitronenlimonade. Die blaue Zuckerpackung steht zwischen einer Stange Wurst und den Essiggurkerln.

4 Setze die Wörter ein!

und Vater Tisch von viel

Anna und Alexander decken den ____________.

Ich liebe Schokolade ____________ Zuckerln.

Opa ist Papas ____________.

Beim Grillen esse ich immer ____________.

Wir fahren ____________ Österreich nach Italien.

1 Satzbaustelle

Baue mit den Wörtern aus den Luftballons sinnvolle Sätze und beginne diese mit dem passenden Begleiter (der, die, das). Schreibe die Sätze auf!

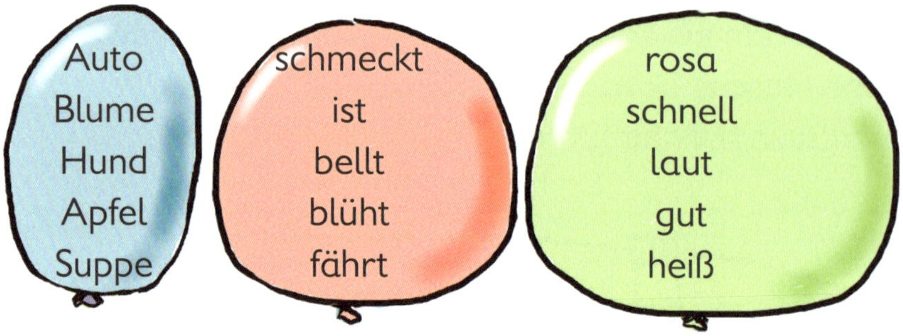

2 Male die Felder mit den Wiewörtern an!

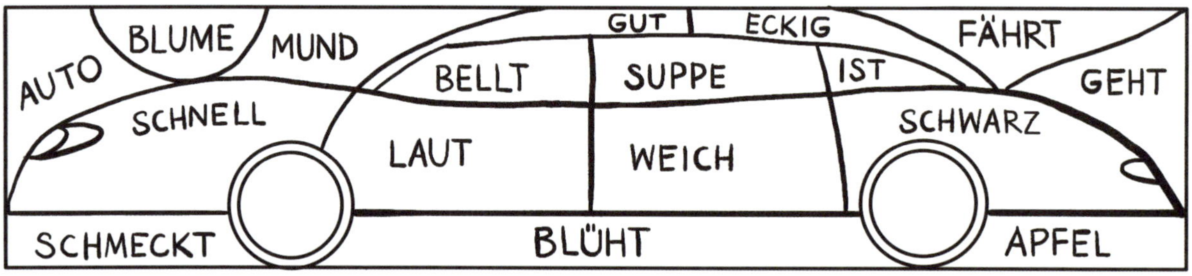

Wozu passen deine gefundenen Wiewörter?

langsam – ______________ schlecht – ______________

hart – ______________ weiß – ______________

leise – ______________ rund – ______________

3 Lies genau!

Elena geht mit ihrer Familie ins Gasthaus. Die Großeltern bestellen Wein, Elena möchte Saft, Mama trinkt Wasser. Oma isst eine Gemüsesuppe, Elenas Schwester bestellt ein Schnitzel, Mama isst Pizza und Elena möchte Pommes. Opa hat keinen Hunger. Nach dem Essen bezahlt Oma die Rechnung.

Kreuze richtig oder falsch an:

		richtig	falsch
	Elena geht mit ihrem Bruder essen.	☐	☐
	Die Großeltern bestellen Wein.	☐	☐
	Opa isst Gemüsesuppe.	☐	☐
	Mama isst Würstel.	☐	☐
	Elena möchte Salat.	☐	☐
	Mama bezahlt die Rechnung.	☐	☐

4 Setze die Wörter ein!

Winter zu Wasser will Wir

Ich plansche im ____________ .

Theo ____________ unbedingt fernsehen.

Im ____________ fahren wir auf Skiurlaub.

____________ packen die Badetasche.

Jetzt klappe ich dieses Buch ____________ .

... zum Geschichtenerzählen

1 Einmal träumte ich ...

2 Beschreibe Flüsterix!

3 Ich möchte einmal __________ werden!

4 Erzähle, was du siehst!

Für weitere Informationen steht Ihnen gerne Ihre VERITAS-Kundenberatung zur Verfügung.
Rufen Sie einfach an, schicken Sie ein Fax oder ein E-Mail!
Tel. 0043/(0)732/776451/2280, Fax: 0043/(0)732/776451/2239
E-Mail: kundenberatung@veritas.at
Besuchen Sie uns auf unserer Website www.veritas.at

7. Auflage (2021) – entspricht der Rechtschreibreform 2006.
Auf umweltfreundlichem Papier gedruckt bei: siehe https://produkt.veritas.at/35169#additional
Lektorat: Beatrix Brückler, Klaus Kopinitsch
Bildredaktion: Alexandra Rittberger
Herstellung, Layout und Umschlaggestaltung: Julia Bamberger, Irene Demelmair
Illustrationen: Ulf Kossak
Umschlagfoto: ms. foto.group/Linz
Satz, Montage, Offsetproduktion: Tanczos KG, St. Florian

ISBN 978-3-7101-0360-5

Für jeden erledigten Tag findest du hier eine Rätselfrage.
Tipp: Das Lösungswort hast du an diesem Tag schon geschrieben.
Suche das Lösungswort dann auf der Seite rechts und male es in der Farbe der Seifenblase an!

Tag 2
Welcher Begleiter fehlt? Der, die und ______

Tag 1
Wo wächst die Kokosnuss? Auf der ______

Tag 6
Wo lebt eine Prinzessin im Märchen? Auf einem ______

Tag 4
Wer trägt zum Baden einen Bikini? Eine ______

Tag 11
Der Papa meines Papas ist mein ______

Tag 8
Worauf liegen die Kühe im Stall? Auf ______

Tag 10
Woraus schlüpft ein Küken? Aus einem ______

Tag 14
Wen jagt die Katze? Die ______

Tag 3
Was naschen viele gern im Sommer? Ein ______

Tag 13
In welcher Jahreszeit sind zwei Monate Ferien? Im ______

Tag 15
Was fährt auf der Straße? Ein ______

Tag 7
Was steht im Wohnzimmer? Ein ______

Tag 5
Was trägst du im Winter? Eine ______

Tag 12
Was dauert 60 Minuten? Eine ______

Tag 9
Was steht im Wald? Viele ______